XXX.

DE L'EXPERTISE

ET DU

MANDAT JUDICIAIRE

EN ALGÉRIE

PAR C. FRÉGIER,

Président du Tribunal de 1re instance de Sétif,

Membre de l'Académie de Législation de Toulouse.

Interest reipublicæ cognosci malos.

SÉTIF

IMPRIMERIE FRANÇAISE ET ARABE DE Ve VINCENT

1863

F

ÉTUDES LÉGISLATIVES ET JUDICIAIRES
SUR L'ALGÉRIE

XXX.

DE L'EXPERTISE

ET DU

MANDAT JUDICIAIRES

EN ALGÉRIE

PAR C. FRÉGIER,

Président du Tribunal de 1re Instance de Sétif,

Membre de l'Académie de Législation de Toulouse.

Interest reipublicæ cognosci malos.

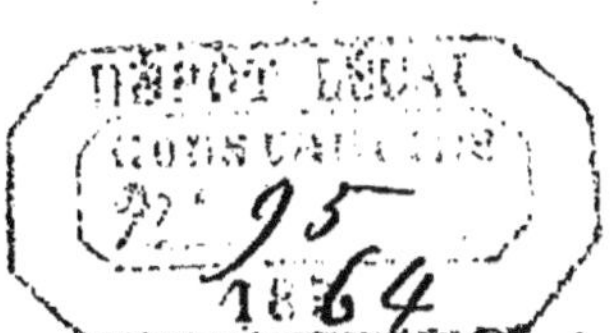

SÉTIF
IMPRIMERIE FRANÇAISE ET ARABE DE Vᵉ VINCENT
—
1864

Vitam impendere Bono.

J'ai toujours pensé que, dans l'ordre intellectuel et moral comme dans l'ordre matériel et physique, les plus grandes choses naissent souvent des plus petites, et qu'il n'est pas d'idée, pas de sentiment, si circonscrits soient-ils en apparence, qui ne contiennent, en réalité, les germes d'une multitude, j'allais dire, d'un monde d'autres sentiments et d'autres idées.

C'est sous l'influence de cette pensée que je me suis décidé à presser de toutes les forces de mon esprit aidé par les enseignements de l'expérience, le titre du Code de procédure civile *Du Rapport des Experts*, et il m'a semblé que je n'aurais pas de peine à en déduire un système raisonné d'améliorations et de perfectionnements organiques.

Je dis *organiques* et non *juridiques* ; car je ne prétends ni ajouter ni retrancher quoi que ce soit aux prescriptions de notre Droit en matière d'*expertise*.

Je les accepte telles quelles, et partant de là, je veux rechercher quel est le meilleur parti à en tirer, en d'autres termes, ce que doivent être les *experts*.

Or, comme, autant vaut l'homme, autant l'institu-

tion, j'ai été naturellement amené à examiner si ou
non l'expertise peut et doit être organisée, et en
cas d'affirmative, quelle sera son organisation.

Je suis profondément convaincu que, bien comprise
et bien pratiquée, l'Expertise, en Algérie surtout,
peut produire les meilleurs résultats et d'elle je me
suis demandé ce que se demandait Montesquieu de
la Jurisprudence : Ne pourrait-on pas, par des chan-
gements imperceptibles (dans l'Expertise), retrancher
bien des procès ?

Cette Étude fait donc suite à mes précédentes
études sur la *Justice de Paix* et la *Chicane*.

Ainsi que je l'ai démontré dans mon *Enseignement
du Droit en Algérie*, les procès sont des maladies.
Autant que possible, et c'est l'acte d'un bon citoyen,
il faut ou les prévenir, ou les atténuer, ou les guérir.
Or, ce travail ne contribuât-il à ce résultat qu'à
l'égard d'un seul, je me tiendrais pour suffisamment
récompensé de mes efforts.

« Là où est le bien, là est le pouvoir » a dit
encore le plus illustre de nos publicistes. (1)

L'Expertise est un bien et un grand bien ; donc,
elle est un pouvoir et un grand pouvoir.

C'est ce *bien*, c'est ce pouvoir que je voudrais
organiser, et, si j'ose ainsi parler, élever à la hau-
teur d'une institution publique.

L'*Expertise* judiciaire, voila mon but principal !
Mais j'en poursuis un autre qui lui est accessoire,

---

(1) Montesquieu. *Pensées diverses.*

et avec lequel il a plus d'un rapport, le *Mandat judiciaire* « (*syndicat*, arbitrage commercial, séquestre, etc.) »

C'est ici ma trentième étude, et, Dieu aidant, j'espère arriver bientôt au-delà : alors j'aviserai au moyen de publier en volumes ce que jusqu'à ce jour, j'ai été contraint de publier en brochures.

Et, puisque l'occasion s'en présente, finissons-en, une fois pour toutes, avec les observations pour la plupart bienveillantes, qui, plus d'une fois, m'ont été adressées sur ce mode de mes publications.

— Pourquoi des brochures ? Que ne composez-vous un livre ? Pourquoi ne pas nous donner un in-12 ou un in-8° ?

A cela deux réponses :

Premièrement : Les *Etudes* ne sont autre chose que les matériaux d'un grand ouvrage en plusieurs volumes, dont chacune d'elles est un fragment, et qui paraîtront sous le titre général d'*Etudes judiciaires et législatives sur l'Algérie*.

Secondement : — me souvenant de ces paroles d'un certain auteur allemand : Celui qui écrit pour écrire, écrit des écrits tout écrits, — j'ai composé ces études moins pour le plaisir puéril d'écrire des volumes, que pour la légitime satisfaction d'exposer au grand jour de la publicité des idées utiles à tous.

Mais de telles idées n'ont, en général, besoin que de quelques pages, et la brochure leur sied bien mieux que le volume.

Qui ne sait que Montesquieu travailla trente ans

à un écrit de douze pages, qui devait contenir tout ce que nous savons sur la métaphysique, la politique et la morale ?

A plus forte raison, trente pages doivent-elles suffire à l'examen d'une vérité législative ou judiciaire.

Au reste, à qui écrit pour être lu et compris en entier, ce qu'il faut, avant tout, en Algérie, c'est la brièveté et la clarté.

Suis-je bref et clair ?

Si oui, —et j'ose le croire,—aujourd'hui ou demain, j'atteindrai sûrement ce double but de tout écrivain sérieux.

Comme Montaigne, «le parler que j'ayme, c'est un parler simple et naïf, tel sur le papier qu'à la bouche, court et serré. »

Sétif, le 1er Avril 1864.

DE

L'EXPERTISE

ET DU MANDAT JUDICIAIRES

EN ALGÉRIE

Interest reipublicæ cognosci malos.

Je l'ai dit et ne saurais trop le redire : Toute idée bonne est une idée féconde. Pour simple et naturelle qu'elle paraisse au premier aspect, si elle est contemplée de haut et profondément méditée, si un esprit également habitué à aborder les généralités de la théorie et les détails de la pratique, s'en empare, en saisit toutes les ramifications, en analyse tous les éléments, l'envisage sous toutes ses faces, vous verrez jaillir de son sein d'autres idées, qui, à leur heure, se traduiront en faits isolés d'abord, puis compactes, et de ces faits scientfiquement systématisés et philosophiquement appréciés, jailliront à leur tour des aperçus nouveaux, des vues inattendues, des applications et des institutions jusque-là inconnues.

Quoi de plus naturel, quoi de plus simple que cette idée : Une corporation d'Experts et de Mandataires judiciaires serait une excellente chose ? L'énoncer, n'est-ce-pas la démontrer ? Et cependant, creusez-la ! allez au fond de ses entrailles ! que n'y trouvez-vous pas ! Que de questions se dressent devant vous ! En quoi consistera cette corporation ? qui en sera membre ? quelles seront les conditions ? quelles ses règles, quels ses moyens d'action ? Sera-t-elle dotée d'un monopole ? De quelles prérogatives jouira-t-elle ? Quels seront ses droits ? Quels seront ses devoirs ? Autant de questions qui en engendrent plusieurs autres dont la solution n'importera pas moins que celle des premières, à la pleine intelligence de notre pensée.

Toutes ces questions, et une foule d'autres qui s'y rattachent par un lien plus ou moins étroit, je les examinerai successivement dans ce travail, après avoir nettement déterminé les diverses catégories des personnes auxquelles je le consacre.

I

Tout le monde comprend ce que c'est qu'un expert ; mais peut-être est-il besoin de définir ce que j'entends par *mandataires judiciaires.*

J'appelle ainsi, dans un sens restreint, tous ceux qui, à un titre quelconque, mais autre que celui de magistrat, d'officier ministériel, d'officier ou de fonctionnaire public, concourent directement ou indirectement, à l'œuvre de la Justice.

Je ne parlerai donc ni des membres des tribunaux en général, — judiciaires ou administratifs, qu'ils appartiennent à la magistrature assise ou au parquet, — ni des greffiers, ni des huissiers, ni des notaires, ni des commissaires-priseurs, ni, à plus forte raison, des organes du pouvoir exécutif.

Je me bornerai aux experts et aux syndics, et par

voie de conséquence, ce que j'en dirai s'appliquera aux séquestres, administrateurs, liquidateurs judiciaires, curateurs aux successions vacantes et autres mandataires de justice.

En d'autres termes, je m'adresse tout particulièrement aux hommes, qui, sans être investis par l'Autorité souveraine d'un mandat public et permanent, d'une fonction proprement dite, n'en sont pas moins appelés, dans certaines circonstances, au nom et pour le compte d'autrui, à remplir les devoirs et et à exercer les droits attachés à une sorte de mission judiciaire qui leur est confiée ou par l'organe de la Justice, ou par les justiciables eux-mêmes.

Ces hommes, nul n'oserait le contester,—bien qu'ils ne jouent qu'un rôle accessoire, incident, et tout éventuel dans la sphère des choses judiciaires, apportent cependant à l'administration de la justice un appoint utile, un concours précieux, quelquefois même un secours indispensable ; car, dans bien des cas, de leurs opinions, de leurs avis ou de leurs actes, dépendront ses décisions provisoires ou ses arrêts définitifs.

Mais, ce qui n'est pas moins avéré et certain, c'est que, pour qu'il en soit et pour qu'il doive en être ainsi, il est nécessaire qu'à une probité sans reproche, ils joignent une aptitude sans conteste.

Capacité morale, capacité intellectuelle, et, comme couronnement de l'un et de l'autre, zèle et activité, répondant pleinement à la légitime attente de leurs mandants ou commettants ;—voilà ce que la loi suppose chez eux, et ce que, d'accord avec la loi, la raison et le bon sens demandent impérieusement de

2.

quiconque aspire à l'honneur d'un mandat judiciaire.

Aussi, n'ai-je pas l'intention de prouver cette vérité. Dieu me garde d'avoir l'air de considérer comme douteux, ce qui n'est mis en doute par personne.

Je ne veux que deux choses : prouver la haute utilité d'une prochaine organisation de l'Expertise et du Syndicat, sur le pied le plus propre à leur faire atteindre le but que le législateur leur a assigné, — indiquer en quelques mots les voies à suivre pour les y conduire le plus sûrement et le plus promptement possible.

Peut-être, avant d'entrer en matière, et pour me conformer à ma méthode habituelle, devrais-je esquisser à grands traits l'histoire de l'Expertise et du Syndicat commercial, à toutes les époques et chez tous les peuples? Mais il me tarde d'arriver au cœur de mon sujet. Je n'en toucherai çà et là, et comme en passant, que ce qui, dans le cours de cette Etude, me paraîtra propre à en préparer, à éclairer, ou à en confirmer les conclusions.

II

Partout, en France, ainsi qu'en Algérie, et en Algérie plus encore qu'en France, qui dit *Experts,* dit un homme honoré, — ou de la confiance des parties, qu'il s'agisse d'une expertise *judiciaire,* ou *extrajudiciaire,* s'il est librement accepté par chacune d'elles, — ou de la confiance des juges ou tribunaux, s'il s'agit d'une expertise judiciaire.

Mais cette confiance, base de l'Expertise et de la

désignation des *experts*, qu'est-ce qui l   a soit
à la Justice, soit aux justiciables ? Evidemment, la
conviction, mieux que cela, la certitude qu'ils   n
sont dignes.

Reste à savoir comment la Justice, comment les
justiciables pourront, non pas au hasard, non pas
dans une circonstance particulière, mais rationnelle-
ment, mais toujours, reconnaître cette dignité dans
la personne des individus qui se présenteront à eux,
ou leur seront présentés, — ou qu'ils choisiront
eux-mêmes.

Ah ! sans doute, si justiciables et *justiciers* les
connaissaient assez pour les apprécier à leur véritable valeur, la question ne serait nullement em-
barrassante ! Mais qui ne le sait ? Sauf dans des
conditions exceptionnelles, et dans les grandes villes
seulement, l'Expertise, pas plus que le Syndicat,
n'est une profession ; on est expert, ou syndic aujourd'hui, mais rien ne garantit qu'on le sera demain. Au lieu d'une institution donnant naissance à
une profession, l'Expertise, — et ce que je dis de
l'Expertise, je le dis aussi du Syndicat, — n'est
qu'une mission précaire et sans permanence. Elle
ne peut donc aller au devant du choix ; c'est le
choix, au contraire, qui doit aller au devant d'elle.

De là vient qu'ordinairement ceux-là seuls sont
nommés experts ou syndics, qui en sollicitent le
mandat. Or, l'expérience le démontre, ces hommes
n'en sont pas toujours les plus dignes, et s'ils les
recherchent, c'est moins pour s'en acquitter, dans
une pensée d'intérêt public, que dans l'espoir de
trouver l'occasion de satisfaire leur intérêt parti-
culier.

Que faudrait-il pour obvier à cet état de choses ? Employer le moyen le plus infaillible de ne conférer ce mandat qu'à des hommes notoirement connus pour en mériter d'autant plus les avantages, qu'ils seraient, au besoin, plus disposés à n'en supporter que les charges.

Or, ces hommes, qu'on en croie mon expérience personnelle, ne sont pas, à beaucoup près, aussi nombreux qu'on le pense, et, à supposer qu'on puisse toujours les trouver, encore n'est-il pas facile de les découvrir. Donnez-moi un chef-lieu judiciaire quelconque, siége d'une Cour Impériale, d'un Tribunal civil ou de commerce, ou d'une Justice de paix, en dehors, toutefois, de nos grands centres de population, tels que Paris, Lyon, Marseille, etc., — je gage que vous chercherez longtemps, avant de rencontrer un nombre suffisant d'hommes capables d'être, le cas échéant, comme experts ou comme syndics, de véritables auxiliaires et les dignes collaborateurs de la Justice !

Et, remarquez que si, grâce à des circonstances spéciales à la France, j'admets pour elle quelques limites à cette proposition, je ne crois pas pouvoir en admettre pour l'Algérie.

Si, pour des raisons qu'il n'est pas besoin de déduire longuement, et parmi lesquelles je me contenterai de mentionner la situation encore anormale de notre Colonie, au point de vue d'un nombre assez considérable de candidats ou aspirants à l'Expertise, on se trouvera très-souvent en face d'insurmontables difficultés.

Et, cela est d'autant plus vrai, qu'en présence des dispositions parcimonieuses, concernant les exports, du tarif de France, — tarif applicable en Algérie, — il n'y aura pas à espérer que ceux qui pourront en remplir les fonctions, courent d'eux-mêmes au devant d'une nomination d'expert judiciaire.

Dans les Colonies, en effet, et, sous ce rapport, l'Algérie en est une encore, le temps, cette première étoffe dont la vie est faite, est peut-être plus précieux que dans la Métropole, et je mets en fait que pour la majorité de ses habitants aptes à être nommés experts, les six francs, au maximum, accordés en moyenne pour chaque vacation d'expertise, ne seront pas, tant s'en faut, une assez puissante tentation.

Et d'ailleurs, loin, bien loin du sanctuaire de la Justice, des experts qui en approcheraient — séduits par l'appât d'honoraires, je le répète, presque toujours modiques et souvent disproportionnés avec leurs dépenses, leurs peines et le temps par eux employé, — plutôt qu'entraînés par l'attrait tout autrement influent, pour des esprits bien nés, de l'honneur et de la considération que l'opinion publique attache, avec juste raison, à l'accomplissement de toute mission judiciaire !

Et pourtant, n'allons pas croire qu'on ne pourra recruter, près de n'importe lequel de nos tribunaux, un personnel rigoureusement suffisant aux besoins d'expertise, révélés par certaines affaires ! Si on y réfléchit sérieusement, est-ce donc, je vous prie, chose impossible de recourir utilement, un peu plus tôt, un peu plus tard, — si restreinte que soit d'ailleurs la population au milieu de laquelle siège une délégation de la justice, ne fut-elle que de quinze cents âmes, — à cinq hommes, au moins, réunissant les qualités d'un bon expert, ou d'un bon syndic?

Ces qualités, je l'ai déjà dit, sont ou morales, ou intellectuelles. Bien malheureux serait le pays, la localité assez déshéritée de moralité et de probité, pour ne pas posséder un pareil nombre d'hommes. — C'est là, cependant, le plus difficile à trouver; car, étant donné le développement intellectuel des classes populaires, depuis la loi de 1833 sur l'instruction première en France, nul doute qu'on ne doive espérer que les qualités intellectuelles seront loin de leur faire défaut.

Ne nous préoccupons donc pas trop de la question de nombre, pas même de la question de moralité et d'intelligence! Pour moi, en thèse générale du moins, elle est toute résolue : ce n'est plus une question, et c'est pourquoi je ne m'occupe que de celle de savoir si et comment, avec le personnel dont je viens de parler, il y lieu de procéder à son organisation dans des conditions, telles que l'autorité judiciaire et l'initiative individuelle puissent, avec une égale chance et un succès égal, s'adresser à lui en toute confiance, quelles que soient la nature et l'importance de la chose et la position sociale des personnes en litige.

Hoc opus, hic labor ! Cela revient à dire que je me propose d'établir qu'il doit en être des *experts* et *syndics*, ce qu'il en est des *agréés* (1), et que, ce que sont les agréés par les tribunaux de commerce, les syndics peuvent l'être auprès de ces tribunaux, et les experts près de tous les tribunaux, — sans exception, — de tous les degrés et de tous les ordres.

(1) V. nos *Agréés en Algérie.*

III

Faisons-nous maintenant une juste idée des experts.

Le juge ne peut pas tout voir, tout entendre, tout connaître par lui-même. Il est des choses, en dehors de ses connaissances ordinaires et professionnelles, qui, pour être exactement décrites, et justement appréciées, exigent des notions spéciales des connaissances techniques ; cela est si vrai, qu'à Rome, sous la République, comme sous l'Empire, sous le Droit des XII Tables comme sous celui des constitutions des princes, des *arbitris* étaient nommés par le préteur, afin de suppléer à l'instruction personnelle de l'audience, par des vérifications, des constatations, des arbitrages, des expertises confiées à des citoyens expérimentés, probes, et, autant que possible, doués de notions et de connaissances en harmonie avec l'objet de leur mission.

Il en fut de même sous la législation demi-barbare, du moyen âge, en Europe, de même en France, sous notre droit coutumier et sous le régime des ordonnances, et on pourrait dire, si on pouvait fouiller dans les profondeurs de l'histoire juridique de la plupart des nations civilisées, que partout et toujours, sous n'importe quel nom, il a existé, dans certains cas particuliers, un mode auxiliaire de preuve supplémentaire ou de vérification par des tiers, équivalant à notre expertise, c'est que, partout et toujours, les mêmes causes engendrent les mêmes effets, les mêmes besoins, les mêmes moyens d'y satisfaire.

Qu'est-ce donc qu'un Expert ?

L'Expert, c'est le suppléant du magistrat, un complément de la Magistrature. Ce que le magistrat ne peut faire par lui-même, il le fait par l'expert ; l'expert est un homme de confiance, son mandataire, le dirai-je un *negotiorum nestor*. Il est son œil, ce n'est pas assez, il est sa main, et, à certains égards, son oreille, son esprit, son intelligence ; c'est, comme l'a dit ingénieusement l'auteur du remarquable *Traité des Preuves* (1), « le verre qui grossit les objets», l'intermédiaire entre le juge et le justiciable, entre l'organe de la vérité et la vérité elle même ; on pourrait ajouter qu'il est le véhicule qui apporte la vérité aux pieds du trône de la Justice. Il ne fait pas la vérité, il la prépare ; il ne la proclame pas, il en réunit les éléments et les met sous les regards du juge ; il ne décide pas, il ne juge pas, il *avise*.

Ainsi donc, l'expert n'est pas un juge. — Est-il un témoin? pas davantage! Le témoin dit ce qu'il a vu ou ce qu'il a entendu ; mais il ne l'apprécie pas, il dépose d'un fait, mais ce fait, il n'en dit ni la cause, ni le caractère, ni la nature, ni la portée, ni les conséquences. L'expert, au contraire, en révèle toutes les circonstances, et, non content de le constater, il le juge, il dit ce qu'il est, ce qu'il vaut. En outre, l'expert agit habituellement sur des faits présents, actuels, immédiats ; le témoin, lui, rapporte des faits passés, reproduit des souvenirs ; il n'y a de commun entre le témoin et l'expert, qu'une induction morale, base de la foi due aux affirmations de l'homme.

(1) M. Bonnier.

L'Expertise, disait le député Perrin au Corps-Législatif, l'Expertise est une sorte de magistrature. Elle exige de l'intelligence, et surtout de l'impartialité, et quand on songe à l'autorité qui s'attache naturellement à l'avis raisonné d'hommes de l'art et à l'opinion de gens qui ont habituellement la confiance et l'oreille des magistrats qui les commettent, on comprend que, dans la plupart des cas, les conclusions de leurs rapports, formeront la base de la discussion à intervenir, et peut-être cette discussion elle-même.

Sans doute, il est toujours loisible aux juges de ne pas adopter aveuglément ces conclusions, et même de s'en écarter. Sans doute encore, le juge n'est plus aujourd'hui, comme autrefois, un instrument passif, sanctionnant purement et simplement, par une homologation nécessaire, l'opinion des experts. La sentence n'appartient qu'au juge. Et cependant, qui pourrait nier que, quelle que soit l'intelligence des juges destinés à contrôler cette opinion, presque toujours elle s'imposera à la conscience, comme une sorte d'irrésistible préjugé ? Que sera-ce, si le juge est impuissant à contrôler, par son intelligence personnelle, l'œuvre de l'expert ? Mais, j'admets qu'il puisse la soumettre à un contrôle rigoureux, Il s'agit de savoir s'il sera assez actif et assez laborieux pour se livrer à ce contrôle. Or, ce serait méconnaître étrangement la nature humaine, que de ne pas avouer que la plupart des esprits, par une pente tellement irrésistible qu'on serait tenté de l'appeler fatale, se laissent aller nonchalamment à la remorque des idées d'autrui. Il en sera d'autant plus ainsi, en matière d'expertise.

que l'expert, ayant procédé sur les lieux même à ses constatations, à l'aide soit de ses lumières propres, soit des explications des parties, soit, enfin, des renseignements qui lui auraient été fournis par les parties ou par des tiers, le juge sera naturellement induit à penser que son opinion, à lui, juge, doit, en quelque sorte, s'incliner devant l'opinion de l'expert.

J'en adjure les souvenirs de mes collègues, et je m'en rapporte volontiers à leur expérience. Combien de fois, plutôt que d'embrasser une opinion qui, en l'absence d'un rapport d'expert, leur eût paru ou la plus vraissemblable ou la plus vraie, n'ont-il pas cru devoir, par une défiance qui les honore, s'en référer à l'opinion de l'expert! Et comment n'en serait-il pas ainsi? Quel est le juge assez instruit, assez éclairé, doué d'assez de connaissances techniques, pour préférer toujours ses vues personnelles aux conclusions motivées d'un expert? Et, à cet égard, ne pourrait-on pas dire que le législateur français a lui-même compris cette vérité, dans une matière d'abord régie par les principes généraux de l'expertise, et, plus tard, soumise à des règles exceptionnelles fondées sur la nécessité de remplacer le rapport des experts par une appréciation spéciale, tout à la fois plus conforme à la raison et moins sujette à erreur? Je veux parler de l'Expropriation pour cause d'utilité publique. Comparez la législation de 1804 avec celle de 1841! Sous la première, l'expert estime l'indemnité due au propriétaire exproprié ; sous la seconde, cette estimation est faite par douze propriétaires composant le jury d'expropriation. Pourquoi des experts, ici, — là des ju-

rès ? (1). C'est que le législateur, averti par les inconvénients d'une estimation confiée à trois experts,
dont l'opinion, presque toujours unanime, déterminait
presque nécessairement celle du tribunal, a compris
qu'il fallait lui substituer une estimation plus sûre
et moins exposée à des chances d'erreur, et qui, au
lieu d'être exprimée sous forme d'avis, le serait
sous forme de décision ou de verdict judiciaire.

Cela dit, arrivons à l'organisation de l'Expertise.

IV

Quand je lis le titre xiv liv. ii de notre Code de
procédure et ses nombreux commentaires, je suis
surpris de n'y rien ou presque rien trouver sur
cette organisation, et son silence me parait d'autant
plus extraordinaire que ses auteurs, pour la plupart
profondément versés et dans la pratique et dans
l'histoire de la vieille procédure française, n'igno-
raient pas qu'il avait existé sous l'ancien Droit, des
expertises érigées en titre d'office. Serait-ce qu'ils
ont cru devoir, sous le nouveau Droit, s'en référer
purement et simplement à la sagesse des tribunaux
et à la volonté plus ou moins éclairée des justiciables ? Je serais porté à le croire. En 1806, époque
de la publication du Code de procédure, on était
trop près du jour à jamais solennel, où le vieux
Régime de la France avait croulé par la base, et
avec lui tout ce qu'y rattachait, comme la conséquence à son principe.

Je n'ose affirmer que ce soit un bien ou un mal

(1) V. notre *Jury d'expropriation en Algérie.*

pour l'Expertise. On verra plus bas qu'il serait té-
méraire de formuler à cet égard une opinion absolue.

Si on a bien compris ce qui précède, on doit
pressentir les avantages et les inconvénients qui
résultent du silence du Code. Dans une foule de circonstances, il sera utile aux juges d'user d'une
entière liberté dans le choix des experts, et de les
prendre partout où ils les trouveront, en dehors de
toute corporation privilégiée et de tout monopole :
ce sera, notamment, toutes les fois que l'expert à
nommer devra être doué de connaissances spéciales
et techniques. S'ils sont convaincus que les experts
officiels ne les possèdent pas, il faudra bien qu'ils
puissent s'adresser à des experts non officiels ! Sans
doute, toute latitude, dans le système actuel de
notre législation, leur est laissée quant à la nomination des experts ; mais cette liberté n'aura-t-
elle pas ses dangers ? Qu'est ce qui garantira au
magistrat l'irréprochable honorabilité et la parfaite
aptitude de l'expert ? Combien de fois, soit qu'il
prenne l'initiative de cette nomination, soit qu'il ne
la fasse que sur l'indication ou l'inspiration des parties, soit même que celles-ci déclarent la faire
elles-mêmes, combien de fois cette nomination, ne
sera-t-elle pas faite au hasard, à l'aventure, faute
par le juge et par les parties de savoir sur qui
doit porter leur choix ?

Ce n'est pas, je me hâte de le dire, que là où
existaient autrefois et existeraient encore aujour-
d'hui des corporations d'experts, il ne fût possible
aux magistrats et aux justiciables de désigner comme
tels des hommes n'en faisant pas partie. Mais, con-
venons-en, sans le système des corporations, il

leur sera incomparablement plus facile d'avoir, comme sous la main, le moyen d'invoquer à l'instant même, et, pour ainsi dire, *sur place*, le ministère des experts qui mériteront le plus leur confiance, et il est certain que ces corporations pourront seules, dans bien des circonstances, les tirer d'un inextricable embarras.

Rien n'est embarassant, en effet, comme le choix de bons experts.

J'ai déjà dit qu'ils doivent être intelligents et probes. Mais cela ne suffit pas. Que doivent-ils donc être encore ?

Préparer une décision judiciaire, c'est bien, mais la prévenir, c'est mieux. J'aime un expert qui apprécie justement les choses ; mais je lui préfère celui qui possède l'art si rare et si difficile de concilier les personnes. Aussi, ne saurait-on trop approuver l'usage de certains tribunaux, de conférer aux experts le droit, et de leur donner l'autorisation de concilier les parties, si faire se peut. Là est la tâche, sinon essentielle, du moins la plus belle de l'expert Qu'il soit bien pénétré de son importance ! et il sera un juge conciliateur, un véritable juge de paix. Plus heureux que le Tribunal, il n'entendra pas les parties que par l'organe indirect de leurs défenseurs, il les entendra elles-mêmes. Non content de les entendre, il pourra leur parler, faisant ainsi ce que le Tribunal ne pouvait faire, leur adressera des paroles qui iront à leur cœur, et souvent, au moment même où, si je puis ainsi parler, elles seront sur le point de se battre à outrance et de se livrer un combat décisif et meurtrier, il les verra déposer les armes, s'embrasser sincèrement, et s'écrier avec le prophète : « Qu'il est bon, qu'il est doux pour des frères, de n'avoir qu'un cœur et qu'une âme ! » Cette conciliation des parties sur le champ de bataille, c'est le triomphe de l'expert, c'est l'accomplissement parfait d'une mission parfaite. Si tous la comprenaient ainsi, que d'affaires s'arrêteraient sur le seuil du Temple de la Justice ! C'est alors, surtout, que l'expert mériterait d'être appelé *beste mann*, le meilleur des hommes ; ajoutons sans crainte, le plus chrétien des magistrats. Deux ou plusieurs experts, véritablement animés de cet esprit de conciliation et de paix, régleraient amiablement et définitivement la plupart des litiges. Précisément parce qu'ils ne seraient pas conciliateurs officiels, ils seraient conciliateurs officieux, leur parole, moins solennelle et tout aussi désintéressée que celle du juge de paix, n'en serait que plus efficace, et si, comme cela arrive plus d'une fois, elle sortait en même temps de la bouche de tous les experts ensemble, je doute très fort qu'il se trouvât un seul plaideur assez obstiné, assez ignorant, ou assez pervers pour resister à leur conseil paternel, à leurs instances conciliatrices. Et la raison en est bien simple ! L'expert, sans manquer en aucune manière à sa mission, aurait la faculté de laisser pressentir, d'abord, puis de découvrir en entier toute sa pensée. Or, supposez, et dans bien des cas l'hypothèse sera une réalité, supposez que l'expert unique, ou les trois experts s'accordent à dire à l'un des plaideurs : « Vous avez tort et en voici les raisons » n'y a-t-il pas à parier qu'il se défiera de ses prétentions et ne tardera pas à y renoncer ? Mais, cette renonciation, ne nous trompons pas, ce sera la fin de la contestation.

Voyez le bien que font les Prud'hommes. Ces magistrats, pères plutôt que juges, des ouvriers de l'Industrie ! A tout prendre, nos experts seraient, par le fait, des espèces de prud'hommes. Comme eux, par de bonnes paroles, par de sages conseils, par de salutaires avis, par leur intervention, moins officielle qu'officieuse, ils délieraient, plutôt qu'ils ne couperaient, les nœuds des procès soumis à leur appréciation.

Encore un mot sur ce point. Les experts sont, en quelque sorte, les Warwicks des procès ; ils les font et les défont, pour ainsi parler, à leur gré. Donnez-moi un expert conciliant, préférant une transaction, un arrangement amiable, à tous les rapports du monde ! il sera rare, excessivement rare, qu'il ne parvienne pas à terminer tout litige sans jugement, ou sans nouvelle intervention de la justice.

Que si, au contraire, il a l'humeur processive, si, loin de dissuader les parties de continuer leurs hostilités, il les invite ou les pousse à les prolonger, oh ! alors, n'en doutez pas, le grain de sable deviendra montagne, et l'étincelle un incendie. Chez les experts de cette espèce, la passion prendra la place de la justice, la chicane de la conciliation, et l'amour de l'argent de l'amour de la vérité. Pour eux, une expertise ne sera pas une occasion de bien, mais de lucre, et leur principale occupation ne consistera pas tant à prévenir ou à éteindre, qu'à souffler et éterniser les procès. Ces experts là, je les appellerais volontiers des experts *marrons* C'est, qu'en effet, ce ne sont pas des experts titulaires, des experts véritables ; ils sont aux experts dignes de ce nom, ce que sont les courtiers marrons aux vrais courtiers, ou, pour employer une comparaison plus topique, ce que sont les agents d'affaires aux avocats. Défiez-vous de ces experts! ce qu'ils cherchent, avant tout, c'est la satisfaction de leur mauvaise passion et de leur avidité — d'autant plus dangereuse, en général, qu'elle est sollicitée et entretenue par le besoin, et quelquefois même par un état de gêne voisin de la misère. On serait tenté de leur appliquer ce mot si connu d'un écrivain sacré : « ce sont des *lions rugissants, cherchant une proie à dévorer.* » Comment serait-il possible de les appeler des *auxiliaires* de la Justice, eux qui, par leurs menées, la discréditent dans l'esprit des justiciables ? On dirait la langue d'Esope : comme elle, ils sont capables de beaucoup de bien et de beaucoup de mal.

Mais, il ne suffirait pas que l'expert remplît sa mission en homme consciencieux et éclairé, s'il ne l'accomplissait avec assez de zèle et d'activité, pour que, dans tous les cas, les justiciables ne fussent nullement frustrés des avantages qu'ils doivent attendre de leur ministère.

« Rien ne sert de partir, il faut partir à point »

Ah ! si on savait, comme nous, tout ce que peut entraîner d'inconvénients, de pertes, de désastres irréparables, surtout en Algérie, un retard, même involontaire ! Qu'est-ce qu'une expertise, sinon un moyen d'instruire une affaire, d'en éclaircir les points douteux, et d'en faciliter la solution définitive ? Et de quoi me servira cette solution, si, par suite de ce retard, elle n'est point donnée en temps opportun ? Vous me proclamez créancier de cent mille francs. Cette somme représente les dommages faits à mon champ, et le Tribunal, après avoir examiné les motifs et les conclusions de votre rapport, trouve les premiers si bien déduits, les seconds si bien justifiés, qu'il l'adopte complètement et sans réserve. Mais, à quoi bon ? Quand j'en réclame le paiement, quand, armé de mon jugement, je dis à mon débiteur : « Payez-moi » il me répond : « Je suis ruiné ! que ne me demandiez-vous cette somme, il y a deux mois ? Alors je pouvais vous payer, aujourd'hui cela m'est absolument impossible, je n'ai plus rien ». Ou bien encore, j'ai à faire à un homme de mauvaise foi ; il ne possédait que des meubles et n'était maître que de sa personne, et grâce au retard du jugement, occasionné par le retard de l'expertise, vainement ai-je voulu saisir ses meubles, il a eu le temps de les vendre ! Tout aussi vainement ai-je voulu m'emparer de sa personne ! il a eu le temps de lever le pied ! Que me reste-t-il donc ? un chiffon coûteux, *mais* inutile, une condamnation judiciaire, mais l'impossibilité d'en profiter ! Et tout cela, pourquoi ? parce que des experts ont été inactifs, négligents, paresseux, et que le rapport qu'ils pouvaient déposer quinze jours après leur prestation de serment, ils n'en ont fait, hélas ! le dépôt que deux ou trois mois depuis cette fatale époque !

Et combien de fois, à la seule pensée des involutions sans nombre de procédure qu'entraîne trop souvent un procès, j'ai regretté que les tribunaux ne possédassent pas dans leur sein un ou plusieurs magistrats, pouvant eux-mêmes leur servir d'experts ! Qui doute qu'avec eux, beaucoup de contestations seraient, ou peu s'en faut, immédiatement vidées ?

Inutile de le nier ! Nos magistrats, et cela doit être, sont beaucoup plus versés dans les questions de droit que dans les questions de fait, et ainsi s'expliquent les nombreuses expertises ou enquêtes qu'ils sont obligés d'ordonner, et, par suite, les interminables lenteurs et les frais énormes.— Mais quoi ! Pour remédier à ces inconvénients, proposez-vous la création de magistrats-experts ?— Eh ! mon Dieu ! non ! Je dis seulement qu'il y a quelque chose à faire ! Quand on ne peut pas atteindre un but, n'est-ce donc rien que de s'en rapprocher le plus possible ? Or, les experts que je demande seraient un moyen-terme entre ce qui est et ce qui doit être, entre la réalité et l'idéal. Dans leur sphère restreinte, et, à certains égards, extra-judiciaire,— vrais mandataires du juge, ce que leur mandant ferait à leur place, ils ne manqueraient pas de le faire eux-mêmes.

Mais, avançons. — Intelligence, probité, esprit de conciliation, activité, est-ce assez de qualités pour nos experts ? — Non, certes ! il faut encore qu'ils soient désintéressés.

Supposez qu'ils ne le soient pas ! Qu'arrivera-t-il ? Au lieu de terminer promptement leurs opérations, ils s'efforceront de les traîner en longueur, et, comme dit la Loi romaine, au lieu de s'appliquer à étouffer un procès à sa naissance, ils auront à cœur de l'immortaliser. Et puis, alors même qu'ils le mèneraient à fin avec toute la diligence et toute l'activité possible, croyez-vous qu'en hommes consciencieux, ils ne demanderont pour prix de leur travail, que les vacations qui leur sont rigoureusement dues ? Il leur sera si facile d'en exagérer le nombre ! Ils seront si naturellement tentés de trom-

por les parties,— même d'induire en erreur le juge
taxateur par des allégations et des affirmations inexac-
tes, et, dans tous les cas, d'entrer en accommodement
avec leur conscience! Eh ! pourquoi grever ainsi les
malheureux plaideurs d'injustes dépenses ? Aux
honoraires de l'huissier, des défenseurs, de l'avocat,
aux frais d'enregistrement, etc, pourquoi ajouter
encore des vacations frustratoires d'expertise ? Avez-
vous donc oublié, experts prévaricateurs, que,
quoi qu'en dise le malin La Fontaine, si la Justice
vous constitue ses mandataires auprès des plaideurs,
ce n'est, certes, pour vous accorder injustement, à ce
titre, ni l'huître litigieuse, ni même son écaille?...

Encore une réflexion pour clore cette partie de
ma tâche. Que les juges, que les avocats, que les
parties veillent à ce que tous les experts, ou tout
au moins l'un d'eux, sachent rédiger *convenable-*
ment, je ne dis pas *irréprochablement* leur rapport! L'expert est, il est vrai, avant tout, un homme
de pratique et d'expérience ; aussi, ne lui demandé-
je pas pour rapport un chef-d'œuvre de rédaction
littéraire. Son rapport est-il clair, concis, catégori-
que? je ne veux rien de plus. Or, cela même suppose une certaine habitude de rédaction.

Mais, à quoi bon décrire si longuement et d'une
façon idéale et abstraite, les qualités d'un véritable
expert? Ne vaut-il pas mieux les montrer vivantes
et incarnées dans l'homme dont je vais, en quelques traits, retracer la vie exemplaire ?

J'ai connu en France un magistrat qui, après avoir
successivement occupé un rang très élevé dans le
siège et dans le parquet, ayant été atteint d'une lé-

gère surdité, crut devoir, par un scrupule de conscience, se démettre de fonctions aussi lucratives qu'importantes, pour rentrer dans la vie privée.

Mais, doué d'une activité prodigieuse, et habitué, depuis longues années, à des travaux judiciaires qui lui prenaient la majeure partie de son temps, il ne put se résigner à une vie de repos et de loisir. Un jour donc qu'il cherchait le moyen de combler les vides de sa nouvelle existence, tout à coup éclairé par une sorte d'illumination soudaine : « *Enfin, je l'ai trouvé !* s'écria-t-il, rien de plus simple : je ne puis plus rendre des arrêts, je ferai des rapports! Juge pendant plus de vingt ans, désormais je serai expert ! » Et, dès le lendemain, une expertise ayant été ordonnée par le Tribunal du lieu de sa retraite, dans une affaire des plus graves et des plus délicates,— moins par le Tribunal que par les parties, moins par les parties que par l'opinion publique, — il fut nommé expert. Et telle était la confiance qu'il avait su inspirer autour de lui, que spontanément, sans avis ni observation préalable, sur la demande expresse de chacune des parties, il fut nommé expert unique. Son rapport fut motivé avec tant de soin, les points de la contestation furent si bien précisés, et les conclusions si nettement exprimées, que la sentence qui intervint ne fut, pour ainsi dire, que la reproduction abrégée et la consécration substantielle de ce rapport.

Désormais, pas, ou presque pas d'expertises dont il ne fut chargé, soit seul, soit avec d'autres experts. On se le disputait à quinze lieues à la ronde, et il était rare que son travail ne fût purement et simplement homologué. Et comme nul ne possédait au-

tant que lui l'oreille de la magistrature, que chacune des parties avait à cœur de le désigner pour
son expert, on eût recours à un moyen aussi sûr
que légal de contenter tous les plaideurs : il fut le
plus souvent nommé avec deux collègues, et presque toujours d'office par la justice elle-même.

Quand il vit solidement assise sa réputation comme expert, il conçut le noble projet de redevenir
juge. Il se dit que s'il savait s'y prendre, dans la
plupart des cas, il deviendrait le conciliateur et
l'arbitre de ses mandants. Il se fit donc un devoir
d'inviter les justiciables à consentir des transactions
et arrangements, là où ces engagements et ces transactions étaient possibles.

Tout à coup, il rencontra difficultés sur difficultés. Ici la chicane, là l'intérêt, — plus loin le mauvais
vouloir, plus loin encore l'envie, la jalousie, et cette
cohorte de mauvaises petites passions, qu'on est sûr
de trouver partout où il y a du bien à empêcher
et du mal à faire. Tout cela se jeta, pour ainsi dire, à la traverse de ses idées de concorde et d'u-
nion évangélique et chrétienne. Ce n'est pas tout.
Comme il arrive d'ordinaire, surtout dans notre beau,
mais disons-le tout bas, par trop rieur pays de
France, bientôt à l'hostilité déclarée, ou à la sourde
indifférence, vinrent se joindre l'ironie et la déri-
sion. On rit, on plaisanta ; de quoi ne rit-on pas
et ne plaisante-t-on pas en France ? Mais quand on
est possédé d'une idée que l'on croit et que l'on sait
bonne et juste, on ne se décourage pas pour si peu.
Irénée, c'est le nom de notre initiateur, ne tint
compte d'aucun des traits lancés contre lui. « Ils ont

beau faire, disait-il quelquefois, avec un fin sourire.

> L'astre, poursuivant sa carrière,
> Versait des torrents de lumière
> Sur ses obscurs blasphémateurs.

Tôt ou tard, ils se lasseront de leurs vains efforts contre mon bon vouloir, et de leur résistance à l'évidence. Il est impossible qu'ils ne finissent point par appeler bien ce qui est bien, et mal ce qui est mal. »

Il ne se trompait pas. Aux premières saillies de l'irréflexion et de la passion, ne tardèrent pas de succéder les calmes réflexions du bon sens et de la raison. Frappé d'une si louable opiniâtreté et d'un désintéressement si innacoutumé, — touché par les nobles inspirations d'un citoyen dévoué, d'un homme vertueux, d'un chrétien sincère, on écouta ses avis, on suivit ses conseils, on accepta ses décisions. Tous voulurent être ses clients, et, bon gré, mal gré, il devint le patron de tous.

Ainsi investi de l'estime, de la considération et de la confiance publique, sa parole douce, insinuante, persuasive, appaisait les tempêtes et prévenait les orages. Il parlait, et sa parole immédiatement accomplie, était considérée comme un oracle. *Dixit et facta sunt !* il dit, et tout fut fait ! C'est ainsi qu'un de nos amis communs caractérisait cette parole, et certes, il faut en convenir, jamais texte ne fut plus justement appliqué.

Irénée mourut comme il avait vécu, — estimé, respecté, aimé, béni par tous ceux au milieu de qui il avait passé en faisant le bien.

Sur sa modeste tombe, on grava ces simples mots;

tirés en partie du Livre divin qui fut toujours sa
règle de conduite comme homme, comme magistrat
et comme expert :

Beati pacifici !
Desideratissimo Iræneo,
Viro re simul ac nomine pacis Arbitro
II. M. M. D.

Que nos experts, que nos mandataires judiciaires
s'inspirent de son exemple, comme lui-même s'ins-
pira de l'exemple du père de Daguesseau ! Il lisait
souvent la Vie de l'un et la Correspondance officielle
de l'autre, et peu de jours avant sa mort, je le
surpris lisant la mercuriale de l'illustre Chancelier
sur la *Prévention*. D'après lui, ce discours mériterait
bien le *Nocturna versate manu, versate diurna* des
Anciens.

J'en ai fini avec des considérations morales, qui,
je l'espère, n'auront surpris personne. La Morale
et le Droit sont deux sciences sœurs : elles ont plus
d'un trait de ressemblance, et, presque toujours,
se prêtent un mutuel appui.

V

Mais, qu'importerait l'existence d'experts tels que
je viens de les dépeindre, s'il n'était ni possible ni
facile de les trouver, quand la Justice et les justiciables ont besoin de leurs secours, — soit au moment
même, — soit dans les trois jours de la prononciation
du jugement qui ordonne l'expertise ?

Nous voilà donc ramené à leur organisation. Je
viens d'en asseoir les fondations ; il est temps d'en
élever l'édifice.

Chose bien digne d'être remarquée par les juris-consultes et par les publicistes! Sous le Droit romain, comme sous notre ancien Droit, pour que les experts, ces coadjuteurs de la Justice, fûssent entourés d'une estime et d'une considération, reflet de celles dont jouissent toujours les magistrats proprement dits, l'usage, plus encore qu'un texte formel de loi, en avait fait une corporation, une sorte d'officiers, de magistrats judiciaires, — nous dirions aujourd'hui des officiers publics ou ministériels, tel qu'un notaire ou un greffier, — si bien que, par une exagération dont le législateur ne semble pas s'être douté, et qui paraît avoir puisé sa raison d'être dans des habitudes de castes ou les effets de la centralisation, le juge, circonscrit, par la loi autant que par les mœurs, dans le choix des experts, ne pouvait guères les désigner que dans les limites de cette corporation.

C'était, évidemment, tirer des conséquences exagérées et quelquefois fâcheuses, d'un principe excellent en soi. Et, en effet, est-il besoin de le démontrer?

Les corporations, en général, présentent plusieurs avantages. Relevons-en un seul. Ne possèdent-elles pas ce qu'on a si bien nommé l'esprit de corps, — esprit de légitime amour-propre, de dignité, de zèle, de solidarité, de dévouement à la chose de tous et de chacun? C'est à cet esprit, leur véritable *mens divinior*, qu'elles doivent ce sentiment d'émulation qui anime et gouverne tous leurs membres. Il est certain que chacun d'eux doit, d'autant mieux, servir d'exemple et de modèle à chacun de ses collègues, qu'il n'est pas possible de supposer que la négligence, la légèreté, l'incurie, l'impéritie, si elles parviennent à envahir l'un d'eux, puissent envahir tous les autres. Tout homme qui agit, non seulement sous l'inspiration de Dieu et de sa conscience, mais encore sous l'œil et le contrôle de *collègues*, offre incontestablement des garanties de moralité et de vertu, que vous chercheriez vainement parmi les hommes à qui manque ce dernier mobile. L'émulation, c'est, tout à la fois, un principe de conservation et de progrès. Avec elle, non seulement on fait bien, mais encore on veut faire mieux ; avec elle, on tend au perfectionnement par le chemin de l'idéal ; avec elle, enfin, ce que l'on fait, on le fait non seulement en vue de soi-même, mais encore en vue de ceux avec qui on vit et avec qui on travaille.

Mais, est-ce à dire que nos experts composeront une corporation privilégiée, jouissant d'un monopole légal, — et qu'en dehors de ceux qui seraient inscrits sur le tableau dont nous allons parler, nul ne pourra être nommé expert ni par les parties, ni par les tribunaux ? Assurément, non ! Nous aimons trop la liberté, nous connaissons trop les avantages de la concurrence, pour émettre une pareille pensée. Il faut que, partout où se rencontrent les conditions voulues pour constituer un expert digne de ce nom, les parties intéressées soient, tout comme les juges, pleinement libres de les choisir. Et, d'ailleurs, n'est-il pas telle affaire, telle circonstance qui les contraindra de s'adresser à d'autres experts qu'à ceux formant notre corporation ?

Je ne voudrais pas davantage que l'Expertise fût érigée en titre d'office. Ce serait revenir, par des voies indirectes, aux abus du monopole et à la vénalité des charges. Or, d'après nous, l'expertise doit être libre comme la confiance.

Cela dit, voici ce ce que je voudrais :

Je voudrais une liste ou tableau sur lequel seraient inscrits les nom, prénoms, profession et demeure des experts acceptés, *agréés* comme tels par les tribunaux, et le genre d'expertise qui, à raison de leur spécialité et de leur aptitude, leur convient davantage. Ce tableau serait la nomenclature d'honneur des personnes désignées par l'opinion publique et par le Tribunal, à la confiance de tous, — une sorte de certificat officiel de capacité, de moralité, d'estime et de considération. Quelle facilité, grâce à ce tableau, pour trouver celui des experts qu'il importerait le plus de désigner, à l'instant même, ou dans les trois jours de la signification du jugement préparatoire ! Quel service à rendre aux justiciables et aux juges ! Quel moyen de déjouer l'espoir et de prévenir la crainte de certaines erreurs et de certaines manœuvres préjudiciables aux plaideurs et dommageables pour la Justice ! Avec ce tableau, le juge ne pourrait plus, ou presque plus, être trompé ; les parties ne pourraient plus ni s'égarer ni se tendre des pièges. Ce que la loi permet ou ordonne pour la manifestation de la vérité, ne concourrait pas au triomphe de l'erreur ou de l'injustice. L'expertise serait et resterait un moyen d'instruction, et rien de plus.

Je voudrais que ce tableau décorât les murs du Palais de Justice, à l'instar du tableau des avocats, des avoués, des huissiers et des agréés.

Je voudrais aussi que les noms des experts fussent inscrits dans tous les cabinets, dans toutes les études, et dans tous les annuaires des chefs-lieux judiciaires.

Je voudrais qu'on pût dire : Le corps, la corporation des experts, comme on dit le corps des avoués, la corporation des notaires, la corporation des agréés.

Je voudrais que dans les cérémonies publiques, une place fût reservée à ses membres à côté ou à la suite des membres des Tribunaux, des avocats, des avoués et des agréés, et que, dans l'exercice de leurs fonctions, ils fûssent, au besoin, distingués de la foule par un signe caractéristique et exclusivement destiné à leur usage.

De cette manière, — matériellement réputés auxiliaires, collaborateurs de la Justice, comme ils le sont légalement, — rien n'empêcherait qu'ils ne le fûssent encore moralement. De là, un surcroît d'estime et de considération ; de là leur assimilation à la Magistrature par l'opinion publique ; de là, aussi, pour eux, une exhortation permanente à imiter tout à la fois l'une et l'autre ; de là, enfin, une espèce de nécessité morale de se montrer dignes et capables d'être comparés à des magistrats d'un ordre inférieur et *de second degré*, il est vrai, mais enfin à de véritables magistrats.

Je voudrais encore,... Mais assez *quant à présent,*

Qui ne sut se borner, ne sut rien obtenir.

Inutile de dire que cette corporation n'existerait que par la volonté du Tribunal près duquel elle fonctionnerait ; qu'elle serait placée sous sa surveillance ; que ce Tribunal pourrait, au besoin, en révoquer les membres, — qu'elle devrait avoir,

en quelque manière, une tête, une personnalité, uu
organe d'action, un *syndicat* chargé tour à tour d'exprimer ses pensées, ses vœux, ses avis, en un mot,
de la représenter en toutes choses.

Comme on l'a vu, je me suis principalement et
presque uniquement occupé des experts; mais ce
que j'en ai dit est presque entièrement applicable
aux arbitres, aux syndics, aux séquestres judiciaires, et, en général, à tous les mandataires de la
Justice.

Consacrons quelques lignes aux *syndics*.

Les syndics, eux aussi, figurent parmi les troupes
auxiliaires de la Justice, et bien des Tribunaux, en
France et en Algérie, ont si bien compris l'importance, la difficulté, la délicatesse de leurs fonctions,
que dirigés, en quelque sorte, par l'instinct irrésistible du bien, plusieurs tribunaux consulaires ont,
sous plus d'un rapport, essayé à leur égard divers
sytêmes, — ici de surveillance, — là de contrôle et
d'organisation.

Cependant, qui oserait le contester? Le syndicat
commercial n'a pas été, jusqu'ici, l'objet d'une organisation spéciale, d'une institution proprement dite,
et le choix de syndics honnêtes, intelligents, actifs,
laborieux, désintéressés, n'est pas moins difficile et
quelquefois hasardé devant les tribunaux de commerce, que celui d'experts remplissant toutes ces
conditions devant les tribunaux civils. Il faut donc
que, de même que les experts, les syndics soient
corporifiés, c'est-à-dire soumis à un règlement commun, à une règle commune. Il faut que, unis entr'-
eux par un lien de solidarité, ils se considèrent
comme étant et soient, en réalité, membres d'une

communauté, d'une *corporation*.

Il suffit de lire les dispositions du Code de commerce qui ont trait aux syndics, pour concevoir le rôle important, j'allais dire dominant, décisif, qu'ils sont appelés à jouer dans la faillite, soit vis-à-vis du failli, soit vis-à-vis des créanciers ; et si on parcourt avec attention les travaux préparatoires, tant de l'ancien, que du nouveau titre i liv. iii du Code de commerce, on ne peut douter qu'ils ne soient, aux yeux du législateur, les principaux moteurs et comme le pivot de la faillite.

Qui s'étonnerait, après cela, de m'entendre appliquer aux syndics, tout, ou presque tout ce que j'ai exposé touchant les experts ?

Les syndics ont plus d'une affinité avec les experts, Comme eux, ils sont chargés d'un mandat judiciaire ; comme eux, ils doivent adresser un rapport au Tribunal, et de leur opinion, comme de l'opinion des expertss, peut résulter, et résulte souvent la décision de la Justice. Mais, à la différence des experts, leur mission ne consiste pas seulement à émettre un avis, à exprimer une opinion ; elle consiste encore à administrer les biens du failli, à représenter la masse de ses créanciers, à exercer certaines actions, à répondre à certaines demandes.

Chacune de leurs multiples fonctions exige, à un égal degré, quelquefois même à un degré plus élevé, la réunion des qualités propres aux experts, et comme dans beaucoup de circonstances, tout contrôle, soit de la part du Juge-commissaire, soit de la part du Tribunal de commerce, soit de la part des créanciers du failli et du failli lui-même, sera difficile, inefficace ou impossible, je n'étonnerai personne, si j'ose affirmer que, plus encore que les experts, les syndics ont besoin des qualités constitutives d'un expert digne de ce nom.

Je termine, en renvoyant, au besoin, le lecteur, pour certains détails, à mon Etude sur les *Agréés* en Algérie.

Ce que je demande pour les Experts et les Syndics, etc, n'est pas tout-à-fait neuf, et, si je suis bien informé, plusieurs Tribunaux de France, et notamment celui de Rouen, (pour les Experts), l'ont depuis longtemps établi. — Pourquoi les Tribunaux d'Algérie n'imiteraient-ils pas leur exemple ? Est-ce que les raisons qui ont milité pour leur création en France, ne militeraient pas, plus puissantes encore, pour cette même création en Algérie ? Est-ce que l'institution d'experts et syndics agréés, n'est pas, en Algérie comme en France, et tout aussi bien que celle des agréés-défenseurs, commandée par la nature des choses, imposée par la force des circonstances, provoquée tout à la fois par le vœu de de la Justice et les besoins des justiciables, sollicitée par l'opinion publique ? Grâce à Dieu, l'Algérie touche à l'heureux moment où rien, dans son administration officielle de la Justice, ne différera plus de celle de France, et où son incessant progrès d'assimilation avec elle amènera enfin le couronnement de sa magistrature ! Que son progrès extra-officiel, qu'on me pardonne ce mot, ou, si on veut, extra-judiciaire, marche de pair avec son progrès officiel et judiciaire ! Qu'avec des magistrats inamovibles, elle ait des experts, des syndics, des arbitres agréés, etc, et justement fière de sa ressemblance, que dis-je? de son identification avec la Justice de France, la Justice d'Algérie pourra enfin se proclamer, à bon droit, sans restrictions et sans réserves, son égale et sa sœur !!!

IMPRIMERIE FRANÇAISE ET ARABE DE Vᵉ VINCENT